La Fiesta de Té de Izza

Una guía familiar sobre seguridad contra incendios y prevención de quemaduras

Por: Hashmat Effendi
Ilustración: John Delaney
Traducción: Gina Ing y Gabriela Nomura

A Family Guide to Fire Safety and Burn Prevention

This book is printed on acid-free paper.

Dedicado a mi nieta, Izza Effendi, quien me ayudó a través de sus juguetes a crear personajes para esta historia.

Abuela
Abuelo
Izza
Ella
Sonu
Mami

Cuando veas esta mano
completa la actividad

Esta historia se centra en prevenir las quemaduras por escaldaduras y en los primeros auxilios en caso de escaldaduras

Siempre manténgase a cinco pasos de los líquidos calientes

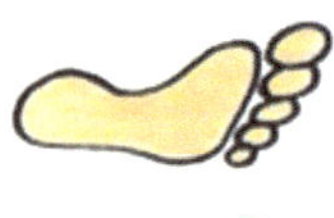

Izza se despertó temprano esta mañana. Ella, su perrita y Sonu, su pájaro ¡brincaron con alegría! Todos ellos saben que hoy Abuela los ha invitado a una fiesta de té!

Izza, feliz, se alistó y caminó hacia la casa de su abuela con su mamá, con Ella y con Sonu.

Izza necesita tu ayuda para llegar a la casa de su abuela a través de este laberinto.

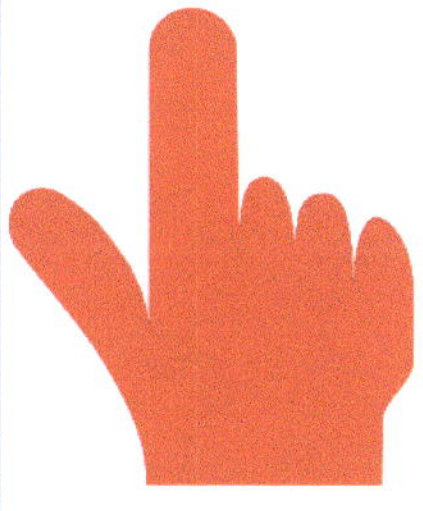

Ding Dong! Abuela abrió la puerta con alegría y le dio un abrazo a Izza. "Dónde está Abuelito?" Izza preguntó emocionada. "Está leyendo el periódico." Abuela respondió. "Voy a la cocina a hacer un té." ella dijo.

Izza siguió a su abuela a la cocina. "Abuelita, quiero ayudarle." Izza dijo mientras miraba la estufa. "Los niños siempre deben quedarse a cinco pasos de la estufa, "le dijo Abuela.

"Por qué Abuela? Por qué los niños deben mantenerse siempre alejados cinco pasos de la estufa?" Preguntó Izza con curiosidad.

ABUELA COCINA

Es porque hay una tetera en la estufa que tiene agua caliente para el té y agua caliente quema como el fuego," abuela le explicó a Izza.

"Además, el mango de la olla debe estar hacia atrás y la tetera debe estar en el quemador trasero," dijo Abuela.

Ok, abuela, Izza asintió con la cabeza.

5
4
3
2
1

Okey, abuelilta, Izza afirmó con su cabeza. Ahora, Izza sabe que debe mantenerse a cinco pasos de la estufa para protegerse de las quemaduras.

1
2
3
4
5

Abuela puso la tetera en la mesa del

comedor y le dijo a Izza,

“El té está listo! Voy a llamar a tu mamá

y a tu abuelo!"

Al momento que Abuela salió del comedor, Izza le dijo a Ella y a Sonu, “Vamos a comer el pastel! Se ve delicioso!”

Izza jaló el mantel para agarrar el pastel!
Cuando Ella y Sonu vieron Izza hacer eso, Ella empezó a ladrar, "guau guau" y Sonu empezó a piar, "pio pio!"
Al escuchar el ruido, la mamá de Izza entró corriendo al comedor y gritó, "Para Izza! ¡No jales el mantel! El té se regará y te quemará!"

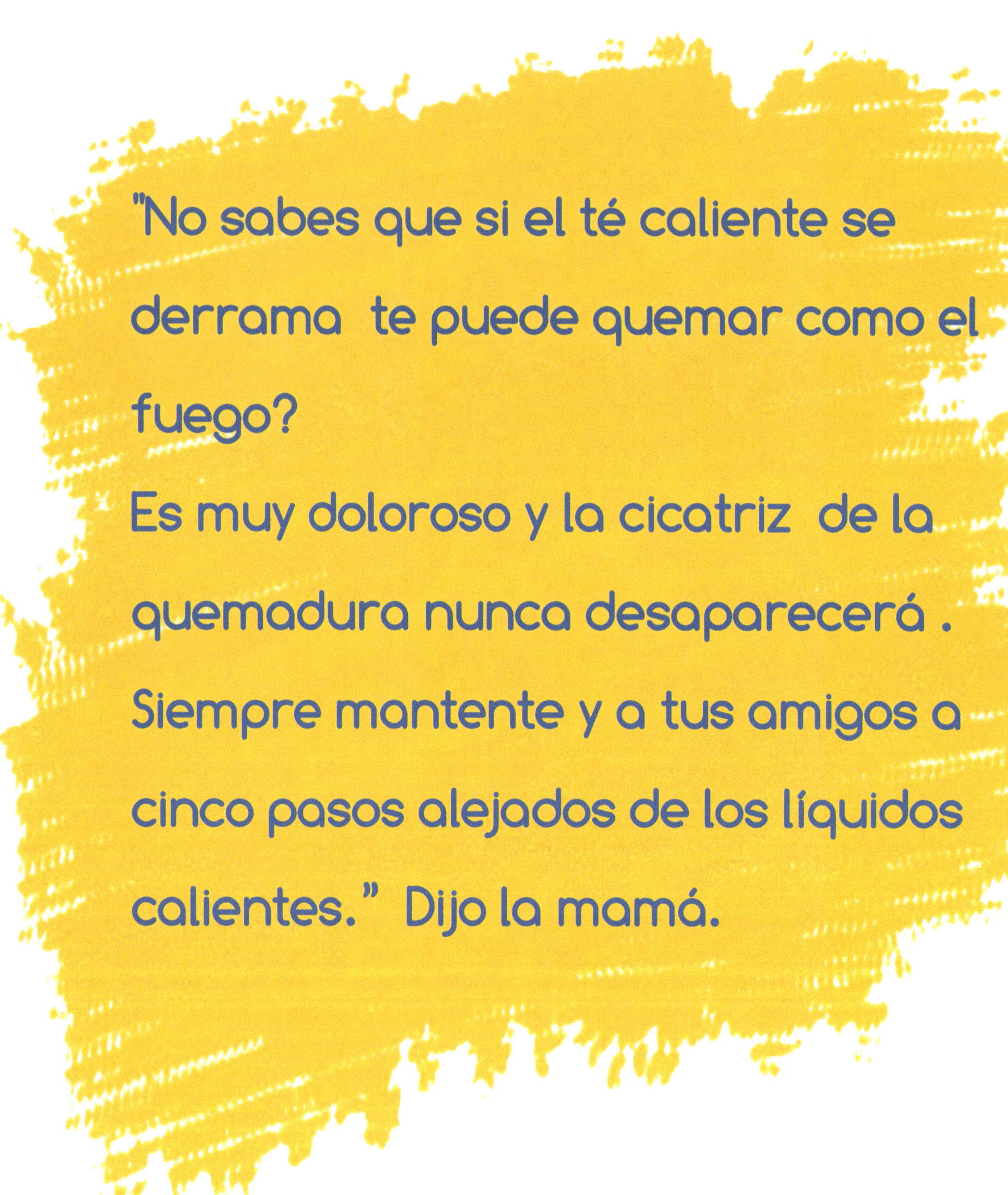

"No sabes que si el té caliente se derrama te puede quemar como el fuego?
Es muy doloroso y la cicatriz de la quemadura nunca desaparecerá .
Siempre mantente y a tus amigos a cinco pasos alejados de los líquidos calientes." Dijo la mamá.

Izza le prometió a su familia, "Siempre me mantendré a cinco pasos del té caliente y les diré a mis amigos que hagan lo mismo!"

Buen Trabajo

Promesa!

"Actividad de Prevención de Quemaduras"

Encierra en un círculo la imagen que está caliente

A 5 pasos de los líquidos calientes

Prueba de prevención de quemaduras

Encierre en un círculo "T" para verdadero o "F" para falso después de cada pregunta

---

1) Los niños deben mantenerse a 5 pasos de una estufa caliente. T o F

---

2) El agua caliente arde como fuego. T o F

---

3) Los niños deben mantenerse a 1 paso de los líquidos calientes. T o F

Respuestas 1. T 2.T 3. F

Primeros Auxilios para las Quemaduras

Enfríe la parte quemada con agua fría de la llave por 20 minutos y luego lleve al paciente a la Sala de Emergencia del hospital.

No use hielo, agua helada, mantequilla, pasta de dientes ni cremas.

Certificado de
Super Duper Pro
Presentado a
Soy un experto en seguridad
contra incendios,
prevención de quemaduras
y primeros auxilios
Fecha
5
4
3
2
1

www.ingramcontent.com/pod-product-compliance
Lightning Source LLC
LaVergne TN
LVHW071233160826
845679LV00003B/974
* 9 7 9 8 8 4 4 2 0 9 3 5 2 *